SECTION III

LES FRAIS DE JUSTICE

ET LA PROPRIÉTÉ

RAPPORT

DU

SYNDICAT DES PROPRIÉTAIRES MARSEILLAIS

> Notre droit et notre devoir sont de défendre
> la propriété, fruit du travail et de l'épargne,
> contre les oppressions, de quelques sources
> qu'elles émanent.
>
> BOUCHER D'ARGIS

MARSEILLE

IMPRIMERIE MARSEILLAISE

39, rue Sainte, 39

1904

SECTION III

LES FRAIS DE JUSTICE
ET LA PROPRIÉTÉ

RAPPORT

DU

SYNDICAT DES PROPRIÉTAIRES MARSEILLAIS

> Notre droit et notre devoir sont de défendre
> la propriété, fruit du travail et de l'épargne,
> contre les oppressions, de quelques sources
> qu'elles émanent.
>
> BOUCHER D'ARGIS

MARSEILLE
IMPRIMERIE MARSEILLAISE
39, rue Sainte, 39

1904

LES FRAIS DE JUSTICE

ET LA PROPRIÉTÉ

RAPPORT

DU

SYNDICAT DES PROPRIÉTAIRES MARSEILLAIS

MESDAMES, MESSIEURS,

La question que le Syndicat de Marseille va traiter aujourd'hui devant vous est une de celles qui passionnent l'opinion : à quelque degré de l'échelle sociale que le sort, la fortune, le talent et les circonstances nous aient placés, les frais de justice ne sauraient, en effet, être de nature à nous laisser indifférents : les justiciables, quels qu'ils soient, riches ou pauvres, ignorants ou instruits, sur qui ils pèsent d'un poids si lourd, le magistrat lui-même, dont la mission est d'en alléger le fardeau dans la mesure du tarif et du droit, l'homme de loi enfin, qui en fait l'élément de sa vie et l'unique source de ses profits, ne doivent point se désintéresser des choses du tarif, si arides soient-elles, pour connaître, les uns, leurs droits à faire respecter, les autres, leurs devoirs à remplir.

Ne croyez pas, et, en commençant nous avons hâte de vous le déclarer, pour dissiper vos craintes et ménager les susceptibilités bien légitimes des auxiliaires de la justice, que nous ne voulons pas ici faire le procès des officiers ministériels et publics, car, nous en voulons moins aux hommes qu'aux vices de leurs institutions, sachant combien sont délicates et difficiles les fonctions de l'avoué, de l'huissier, du notaire, etc.

Toussenel était vrai quand il disait que l'officier ministériel honnête et désintéressé devait avoir dans le ciel une double couronne.

Si, dans le cours de la discussion, nous rappelons vivement les abus, nous sommes persuadés que MM. les officiers ministériels qui nous écoutent ne nous en voudront pas, mais qu'au contraire ils se rangeront à nos côtés pour flétrir les abus signalés et blâmer avec nous ceux qui les ont commis.

Quant à vous, propriétaires, vous ne sauriez rester étrangers à cette question, car elle est le champ sur lequel se moissonnent avec les impôts et les taxes fiscales de toutes sortes, des perceptions diverses de dépens et de frais. Il vous appartient de connaître la nature du grain que l'on doit y semer et comment il lèvera, afin d'empêcher que le moissonneur n'exploite ce champ au delà de son droit.

Si la règle de nos associations, dont nous ne nous sommes jamais départis, est l'examen et la solution de tout ce qui touche de près ou de loin à la propriété ; le devoir de ceux qui les dirigent est de ne rien négliger pour attirer l'attention de leurs associés sur l'importante question des frais de justice qui les accablent comme un fardeau trop lourd.

Certains esprits sceptiques, pour ne pas dire intéressés, oseront avancer qu'entreprendre dans un syndicat la vérification de ces frais, c'est aller au devant de sa perte. Nous ne sachons pas que celui de Marseille en soit mort. Ce service de vérification a été, au contraire, pour le Syndicat, une source nouvelle de vitalité.

D'autres vous diront que pour assumer une telle charge, il faut avoir à sa disposition des spécialistes qu'il est très difficile de rencontrer. Les difficultés soulevées à l'occasion de la distribution et de l'application des impôts ont-elles empêché nos Syndicats de les surmonter et de les vaincre ? Vouloir n'est-ce pas pouvoir !

Qu'il nous suffise donc de vous démontrer d'abord, non pas que les frais de justice intéressent la propriété, car chacun de vous a dû protester déjà plus d'une fois devant une note de frais ; mais que c'est pour vous une nécessité de savoir comment ces frais s'appliquent, et pour vos Syndicats un devoir de vous mettre en garde contre les perceptions illicites et les abus qu'on peut exploiter à votre insu et à votre préjudice.

Rechercher, faire connaître les moyens susceptibles de dégrever la propriété des taxes judiciaires qui sont pour elle

, une des causes de sa dépréciation, obligés que nous sommes à payer pour l'acquérir, pour la conserver et enfin pour la transmettre, c'est un devoir, une nécessité.

I

Certes, vous avez éprouvé comme nous, si jamais vous vous êtes trouvés dans le cas de suivre les enchères, le besoin de savoir avant de risquer les trois feux et afin de limiter vos offres, quel était le montant des frais employés préalablement à la vente, payables en sus du prix par l'adjudicataire, et ceux, au moins approximatifs, que vous auriez à payer comme adjudicataires après la vente. N'est-il pas vrai que bien des fois vous vous êtes abstenus de pousser les enchères d'une propriété devant l'importance des frais de vente relatifs à l'immeuble qu'un chiffre moindre vous eût encouragés à retenir ? Quelle ne fut pas aussi votre déception lorsque, trop confiants dans les choses et les gens de justice, vous fûtes acquéreurs d'un lot pour lequel vous fûtes obligés de payer plus de frais que ce qui vous paraissait raisonnable, sans être à même d'en faire vérifier et réduire le montant, faute de connaissances, de conseils ou d'appui ?

A considérer ce qui se passait à Marseille avant que le Syndicat eût entrepris la vérification des frais de justice, à voir de près les fausses perceptions qu'il a découvertes et combattues avec tant de succès, on ne peut que souhaiter vivement la création dans tous les Syndicats d'un service aussi indispensable, car il est probable, dans ces temps de relâchement que nous traversons, que les mêmes abus, sinon d'autres et de plus forts peut-être, se reproduisent dans la plupart des sièges. Et si nous énumèrons les perceptions illicites qui, outre les charges qu'engendre l'acquisition de la propriété, la grevaient jusqu'ici indûment, vous ne mettrez plus en doute la nécessité de l'œuvre dont nous vous entretenons.

*
* *

Pour vous faire toucher du doigt les bienfaits qu'elle est appelée à vous rendre, nous avons porté deux grosses d'adjudications : l'une, antérieure à la date où le Syndicat de Marseille a commencé à s'occuper de la vérification des frais de justice ; l'autre, plus récente, postérieure à cette époque. Vous ne devez pas ignorer qu'aux termes de l'article 13 de la loi du 26 janvier 1892 et de l'article 6 de la loi du 21 ventôse an VII, les expéditions délivrées par les greffiers, notamment les titres de propriété, ne peuvent contenir moins de 20 lignes à la page et de 12 à 14 syllabes à la ligne. C'est-à-dire qu'en mettant un nombre moindre de lignes et de syllabes le greffier occasionne une augmentation de timbre et simultanément pour lui une augmentation d'émoluments à la charge de l'adjudicataire. Fort de son droit que les textes ci-dessus rappelés rendaient incon-. testable et se basant sur un jugement du Tribunal de la Seine en date du 27 novembre 1869 (D. P. 72. 5. 439) et une circulaire ministérielle du 9 juillet 1892 (*Bull. offic.*, 1892, p. 64), notre Syndicat mit le greffier intéressé dans l'obligation de fournir désormais dans les grosses d'adjudication le nombre réglementaire de lignes et de syllabes. Et c'est ainsi que, grâce aux instances réitérées de notre Commission, les expéditions d'actes d'adjudication qui comptaient autrefois de 50 à 60 rôles n'en contiennent plus aujourd'hui que de 25 à 30 ; d'où économie de 50 0/0.

*
* *

Il y avait plus encore : on sait que tout officier ministériel est tenu de contribuer de ses deniers personnels, sous la rubrique droit de bourse, aux dépenses de la Chambre de discipline de sa corporation, sans qu'il lui soit permis d'en prélever sa quote-part sur la bourse de ses clients. Que se passait-il à Marseille, à l'occasion de cette taxe, pour que le Syndicat intervînt ? Par suite d'une entente entre certains officiers ministériels et le greffier, ce fonctionnaire avait soin d'indiquer à part, sur la dernière feuille de la grosse d'adjudication, en le totalisant avec son coût, le montant du droit de bourse qui devait être versé dans la caisse de la Chambre de discipline.

Or, il nous arrivait maintes fois de constater, dans le cours de nos vérifications, que soit inadvertance, soit négligence, de la part de l'officier ministériel ou de son clerc, la perception de ce droit de bourse se trouvait portée sur la note, à la charge de l'adjudicataire ; le Syndicat de Marseille a dévoilé ce procédé à tous ses adhérents et les a mis en garde contre des erreurs de ce genre qui pouvaient toujours se glisser, en mettant en demeure le greffier, auteur involontaire de ces prétendues erreurs, de supprimer la mention du droit de bourse sur les grosses d'adjudication qu'il délivrait désormais, afin que l'adjudicataire ne fût pas porté à croire que l'indication du droit de bourse sur le titre de propriété était un supplément de perception dû en raison de ce titre, et c'est ainsi que chaque acquisition fut dégrevée de 30 francs encore, dans la généralité des cas.

*
* *

Ce n'est pas tout : la malice humaine, mise au service de l'intérêt, avait inventé, au détriment de la propriété, la signification des expéditions enflées à l'excès, et, l'on voyait souvent dans des états de frais des articles, non pas de minime importance, on eût passé sans porter attention, mais des articles comportant des chiffres qu'il valait la peine de contrôler, des articles qui bien souvent allaient au-delà de 150 francs : nous en avons vu de plus de 500 francs.

On signifiait la vente, dans tous les cas, à tous les vendeurs, quel qu'en fût le nombre, alors que la loi n'a prévu la signification qu'en matière de saisie et au saisi seulement, conformément à l'article 716 du Code de Procédure civile, aux termes duquel le jugement d'adjudication ne doit être signifié qu'à la personne ou au domicile du saisi. Même dans ce cas la jurisprudence a maintes fois décidé que la signification était frustratoire, lorsque le saisi avait délaissé son immeuble.

Cet abus, que le Syndicat de Marseille n'a cessé de combattre et qu'il fera disparaître des notes d'adjudication, vous étonne et n'est pas sans soulever vos protestations, mais cet étonnement fera sûrement place à votre indignation, lorsque vous apprendrez que bien souvent ces significations étaient passées dans les états de frais, sans jamais avoir été faites.

*
* *

Pour les purges d'hypothèques légales qui sont le corollaire indispensable de presque toutes les acquisitions, nous nous sommes efforcés d'en alléger la charge, en instruisant de notre mieux les membres de notre Société sur les formalités que ces procédures comportent et sur les frais réguliers qu'elles entraînent. Aussi, grâce à nos instructions, arrivent-ils aujourd'hui à payer moins de 60 francs des purges qui s'étaient montées jusqu'ici, par les majorations sur insertion et sur copie, à près de 180 fr. Il y avait lieu aussi de s'intéresser aux frais de purge d'hypothèques inscrites lesquelles, par le sort bizarre des enchères, demeurent souvent à la charge de l'adjudicataire déjà créancier impayé de l'immeuble. Des conseils donnés ont souvent amené dans ce cas des réductions de 50 0/0 sur les 300 fr. environ que cette purge spéciale avait été comptée, car il est reconnu, sans que notre pensée soit de porter préjudice à quelqu'un, que, si l'emploi de l'avoué en augmente les frais, le recours à l'huissier pour les copies en diminue sensiblement le chiffre.

* *

Et, si, d'autre part, à cette nomenclature de recettes indues, nous ajoutons ces taxes multiples et fantaisistes qui ne sont nulle part permises dans les tarifs et qui augmentent dans de notables proportions les frais faits avant la vente payables en sus par l'acquéreur, il n'est pas inexact de dire qu'en les faisant disparaître, soit par la crainte que sa force inspire, soit par ses plaintes réitérées et ses poursuites, le Syndicat de Marseille a diminué les frais d'acquisition d'un chiffre respectable qui peut atteindre bien des fois 1.000 fr.

N'est-ce pas là une preuve sensible de la nécessité qu'il y va pour tous et pour vos Syndicats de porter tous vos soins à l'examen des frais de justice qui accompagnent l'achat de vos immeubles, pour empêcher que les abus du genre de ceux que nous venons de vous signaler ne viennent s'ajouter aux perceptions légitimement dues.

* *

C'est aussi quand nous achetons à l'amiable, ou quand les immeubles nous sont transmis par succession à la suite d'un partage, qu'il nous faut consigner des frais et des émoluments au notaire chargé d'en arrêter pour nous l'acquisition, car, quelle que soit la voie par laquelle la propriété nous arrive, nous ne sommes point dispensés d'en payer. Est-ce dès lors déplacé que le propriétaire sache ce qu'il devra régler? Il n'est assurément pas hors de propos pour lui de vérifier la note du notaire et de se rendre compte si, en ce qui concerne son lot, cet officier public a fait une exacte application des tarifs. Un exemple vous montrera combien il est indispensable pour vous de connaître comment doivent s'évaluer les honoraires accordés aux notaires dans l'exercice de leurs fonctions.

* *

Supposons le cas d'un testament partage olographe d'immeubles évalués 300.000 francs. N'est-il pas possible au notaire de se tromper et de percevoir 2.000 francs d'honoraires, c'est-à-dire le droit fixé par le décret du 25 août 1898, pour partage testamentaire, en raison de 1 0/0 de là 100.000, et 0,50 0/0 de 100.000 à 500.000 francs, alors que, suivant les distinctions établies par le même tarif et la jurisprudence, le notaire ne peut exiger que 0,50 et 0,25 0/0 sur les mêmes sommes, dans les mêmes proportions? Qui pourra soulever cette erreur de 1.000? l'intéressé? C'est souvent un ignorant. Le notaire? Mais c'est lui qui s'est trompé. Ce ne peut être qu'un syndicat vigilant dont la mission est de vérifier les erreurs qui nuisent à la propriété.

*
* *

Vous avez certainement entendu parler des règlements de prix appelés ordres et vous n'êtes pas sans savoir que c'est souvent à cause de cette procédure que l'adjudicataire ne peut immédiatement se libérer de son prix, que les intérêts affectent du jour de l'adjudication, si ce n'est qu'après des formalités multiples, longues et coûteuses autant pour lui que pour les créanciers. Il y a, cependant, des ordres qu'on pourrait se dispenser d'ouvrir, si l'officier ministériel chargé de les suivre et qui gagne d'autant plus qu'il en fait, ne perdait pas de vue les prescriptions de l'article 773 du Code de Procédure civile, suivant lesquelles l'ordre judiciaire ne peut être provoqué, s'il y a moins de quatre créanciers inscrits. Trop souvent, l'inexpérience que nous avons des choses de la loi et les mauvais conseils qu'on nous donne, en vue d'en tirer profit, sont cause de retards dans la distribution du prix aux ayants droit, d'ennuis que des contredits imaginaires nous font endurer et de frais qui viennent s'imputer sans raison sur ce prix, alors que, dans la plupart des cas, il eût suffi à l'adjudicataire non seulement de rappeler à l'avoué que l'ordre ne devait pas être requis, mais encore de s'adresser directement aux créanciers inscrits sur le bien enchéri pour obtenir de chacun d'eux mainlevée devant le notaire désigné pour dresser la quittance.

*
* *

Tout cela vous démontre bien que c'est une obligation indispensable pour nos Chambres syndicales de sauvegarder l'intérêt de tous ses adhérents, au moment de l'adjudication ou devant le notaire. Livré à lui-même, celui qui se hasarde aux enchères ou qui veut acheter un immeuble à l'amiable est incapable, à part de rares exceptions, de savoir ce qu'il devra débourser pour les frais, d'en contrôler les notes détaillées, ni même de se rendre compte si des abus ne se sont point glissés parmi les frais. Il faut surtout considérer que la propriété souffre de l'augmentation dans les frais de justice ; plus elle en est grevée, moins elle vaut ; plus les frais diminuent, plus elle augmente.

Même pour conserver votre propriété, il est des circonstances dans lesquelles le recours à la justice s'impose ; ce sont des procès qu'il vous arrive de faire ou de subir, contre des locataires et des voisins et vous savez, si jamais vous êtes passés par là ce qu'ils vous coûtent de provisions, que vous pensiez récupérer et qu'on ne vous rend point, alors même que votre adversaire succombe ; vous savez aussi, lorsque le jugement vous est défavorable, combien il vous faut payer de dépens et de frais sans être à même, bien souvent, d'en vérifier le détail. A part quelques rares exceptions, en effet, le propriétaire, qui se laisse aller au courant des événements, n'est pas de taille à se rendre compte par lui-même si la note de frais qu'on lui réclame dépasse les coûts déterminés par les tarifs. Il lui faut quelqu'un pour l'aider, quelqu'un de capable et de puissant pour le tirer de cette mauvaise situation.

Si vous demandez à votre avocat son avis sur ce que l'état des frais mis par le Tribunal à votre charge pourrait contenir d'indûment porté, des raisons de confraternité, d'amitié ou de parenté l'empêchent de vous dire qu'on vous réclame à tort plusieurs centaines de francs pour requêtes en défenses ou autres actes qu'on ne fait plus.

A qui devra donc s'adresser le propriétaire qui sent, cependant, la nécessité d'une vérification, si, de crainte d'être mis à l'index au Palais, son propre conseil l'abandonne ? Incontestablement c'est à nos Chambres syndicales qu'il devra porter toute réclamation, et c'est un motif d'exister pour elles que de prendre l'intérêt de leurs adhérents.

Nous l'avons compris à Marseille, et, c'est grâce à notre Syndicat, que des notes de frais ont été bien souvent réduites de moitié.

Il n'est, évidemment, pas douteux que la diminution des frais de justice pour tous les cas qui intéressent l'administration de la propriété est le vœu unanime de ceux qui la possèdent, car les revenus sont en proportion inverse de la somme des charges qui l'accablent de plus en plus chaque jour ; voilà pourquoi l'étude des moyens de parvenir à cette diminution doit être un des sujets de la sollicitude des Chambres syndicales.

* *

Notre action s'est d'abord portée sur des questions de compétence, afin d'éviter que l'intérêt de l'avoué n'entraîne devant le Tribunal civil une cause qu'un Tribunal d'exception pourrait juger à peu de frais.

* *

Il est aussi des procédures où le ministère de l'avoué n'est pas imposé par la loi, même devant le Tribunal civil. C'était une nécessité pour le propriétaire de se familiariser à ces choses.

Sur ce sujet vous êtes certainement au courant des travaux du Syndicat de Marseille, et vous n'avez pas perdu de vue avec quel soin il a analysé toutes les procédures pour faire connaître celles où le plaideur pouvait seul et sans avoué comparaître au Tribunal civil. Tout récemment encore, paraissait dans le *Journal des Propriétaires et des Locataires* un article sur les référés où il était démontré qu'en ces sortes de procédures assez fréquentes pour le propriétaire l'assistance de l'avoué n'était pas légalement obligatoire. Jusque-là on ne s'en était point douté et parmi vous il s'en est assurément trouvé qui furent étonnés d'une doctrine aussi nouvelle. Mais la justesse de notre opinion là-dessus fut si remarquée que, dans un Tribunal que vous me dispenserez de citer, elle fut cause d'une lutte entre les jeunes avocats qui avaient désormais le moyen de diminuer les frais à leurs clients, et les avoués qui ne voulurent point céder de leurs prérogatives, ni voir tarir une source d'émoluments. Sous l'ancien tarif, un référé coûtait relativement peu, avec le nouveau les frais de l'avoué en ces matières peuvent atteindre et même dépasser 200 francs. Il était donc nécessaire que le propriétaire connût qu'en référé la présence de l'avoué est complètement inutile.

Seul, le propriétaire ne peut pas se livrer à l'étude de pareilles questions ni passer son temps à rechercher les moyens de nature à dégrever la propriété de frais qui en rendent la conservation onéreuse. Cette étude ne pouvait être faite que par un Syndicat; seul, un Syndicat, pouvait en faire bénéficier les justiciables.

* *

Il n'est pas jusqu'aux difficultés que présentent l'application et l'interprétation des lois de faillite qu'il ne soit nécessaire au propriétaire d'examiner pour mieux connaître ses droits et les faire valoir devant le greffier de paix qui émet souvent la prétention de faire supporter au propriétaire les frais d'apposition, de garde et de levée des scellés, et devant le syndic qui refuse de faire lever les scellés sans être nanti des frais qu'ils entraînent.

Cependant la créance privilégiée du propriétaire prime les frais de scellés et les frais du syndic pour ses honoraires, puisqu'elle prime même celle du Trésor (art. 461 du Code de Commerce). C'est déjà bien assez dans les faillites qui sont, pour la plupart et dans une proportion effrayante, closes pour insuffisance ou défaut d'actif, de ne pouvoir encaisser les termes dus par le failli au moment de sa déconfiture, sans que l'arbitraire d'un greffier ou d'un syndic nous prive de la libre et immédiate disposition des lieux loués à ce failli et pourquoi ? parce que nous nous refusons à payer des frais que nous ne devons pas. Leur faire à chacun un procès dans ces conditions, et, ils le savent bien, c'est pour nous engager des frais, perdre du temps et perdre des locations. Voilà encore pour le propriétaire une nécessité d'avoir recours à ceux qu'il s'est choisis pour défendre ses intérêts.

En voici un exemple : un greffier de paix s'était refusé à prêter son concours à une levée de scellés apposés, par suite de faillite, sur un grand magasin loué au failli par un membre du Syndicat et il invoquait comme prétexte que, la faillite ne comportant aucun actif, il ne procéderait que si le propriétaire lui versait somme suffisante pour le couvrir de ses émoluments et de ses frais. Le juge de paix lui-même partageait sa manière de voir. Notre adhérent peut-être se fût exécuté si la somme à payer eût été minime ; mais le chiffre étant élevé, il vint nous consulter pour faire cesser un état de choses qui lui portait préjudice au point d'ajouter au loyer que le failli lui faisait perdre le montant d'une relocation qu'il s'était assurée. Notre Chambre syndicale prit aussitôt l'affaire en mains, et greffiers et syndics durent s'incliner devant une première sommation : ils se rendirent compte que s'il n'est pas toujours possible au simple particulier, pour de multiples raisons, de faire triompher ses droits les plus indiscutables, un Syndicat est assez fort pour le faire en son nom.

Telle est la raison pour laquelle nos Chambres syndicales doivent s'occuper de la vérification de tous frais de justice.

**

Le recouvrement des loyers comme l'expulsion des mauvais locataires entraînent aussi des frais qui influent sensiblement sur les rendements de la propriété, par le motif qu'il n'est pas toujours vrai qu'en les faisant on en recouvrera l'avance.

En justice de paix, il n'est pas rare de voir ces frais atteindre, quelquefois dépasser des centaines de francs. Au Tribunal civil, il est toujours très difficile d'en établir le chiffre même approximatif. En attendant la simplification de la procédure des expulsions, que le Syndicat de Paris étudie, et la diminution des frais qui doit en résulter, il est d'une nécessité immédiate pour nous, en vue de hâter la solution de ces réformes, d'établir dans les Chambres syndicales un service analogue à celui qui fonctionne à Marseille : ce sera ainsi un acheminement vers les modifications si généralement désirées, car c'est diminuer les frais que d'en élaguer les abus qui en accroissent le montan'.

Lorsque l'insolvabilité d'un locataire laisse les frais de procès à notre compte, nous les trouvons trop élevés : heureux sommes-nous alors de rencontrer quelqu'un qui les fasse réduire ; mais lorsque celui que nous expulsons les supporte et les paye, n'est-ce pas, pour nous, faire une bonne action que d'apporter nos soins à diminuer dans la mesure du possible l'ensemble de ces frais qu'on prélève souvent sur la misère, si vous considérez que les événements et les circonstances plus que le mauvais vouloir sont pour le locataire la cause de sa difficulté à payer le loyer.

**

Emprunter sur la propriété c'est la diminuer non seulement du montant de l'emprunt, mais encore des frais qui le suivent ; à ce point de vue, il est donc impossible de s'en désintéresser à cause des abus qui peuvent s'y glisser et qui peuvent d'autant porter atteinte à notre avoir. Si vous aviez eu, comme nous, sous les yeux des notes de frais d'obligations hypothécaires, vous auriez constaté deux abus qui se pratiquaient couramment : le premier, relatif au coût d'une expédition ; le second, relatif au droit de commission. Vous savez que le prêteur est en droit de requérir aux frais de l'emprunteur un titre exécutoire précédé de la formule : « Au nom du Peuple français » et terminé par le mandement ordinaire d'exécution.

Or, dans beaucoup d'études il n'était d'abord délivré au prê-teur qu'une expédition sans formule exécutoire dont l'emprunteur, ignorant, payait les frais. Mais, quand plus tard venait pour le prêteur le besoin de faire valoir ses droits contre cet emprunteur, soit pour recouvrer les intérêts, soit pour reprendre le capital conformément à l'acte, le notaire en délivrait la grosse à la charge de l'emprunteur, qui la réglait aussi dans les frais de saisie. Il appartenait donc à ceux qui ont la sauvegarde de la propriété de recommander aux emprunteurs futurs d'exiger du notaire, au moment du règlement des frais, qu'il soit fait encore mention sur la quittance de la délivrance et du paiement par lui de cette grosse et de s'opposer à ce que le notaire tire deux moutures du même sac de blé.

Pour les commissions, nous ne voulons pas dire que dans tous les cas elles ne soient pas dues : c'est au notaire qu'on s'adresse souvent pour trouver un prêteur et il est juste que ce fonctionnaire public reçoive une rémunération spéciale quand il arrête les conditions du prêt, en fixe les garanties, en un mot quand il remplit l'office de courtier ; mais il n'en saurait être de même quand son ministère se borne à rédiger le contrat et, en cette occasion, il ne peut rien prétendre. Tout autant de questions qu'il importe aux intéressés de connaître et à un Syndicat d'enseigner.

Il fallait aussi mettre en garde les emprunteurs contre une pratique de certains notaires, qui consiste à faire autant de quittances authentiques qu'il y a de paiements partiels échelonnés, alors qu'il suffit le plus souvent de dresser, en fin de compte, une seule quittance pour solde. Dans le cours de nos vérifications nous avons eu à nous élever contre un notaire qui, pour 5.000 francs payés par acomptes dans une période de cinq mois, avait fait chaque fois un acte en ses minutes, avec expédition, états sur radiations et vacations diverses. Notre syndicataire avait payé le tout sans s'être rendu compte de l'économie qui eût résulté pour lui d'exiger une seule quittance.

Enfin, c'est un besoin pour nous de connaître les divers modes de transmission de la propriété et les frais que chacun des modes d'aliénation occasionne, afin d'adopter celui qui nous paraît le plus économique et nous prémunir contre les taxes abusives qu'on voudrait indûment percevoir au détriment de la propriété.

***

L'expérience nous a démontré que les frais de vente d'immeubles par licitation et par-devant notaire étaient inférieurs d'un quart au moins aux frais de vente poursuivis devant le Tribunal. Cela se conçoit, les formalités de ces ventes par-devant notaire ne sont ni longues ni multiples et le ministère de l'avoué pour enchérir n'y est nullement obligatoire, ainsi qu'il est porté à l'art. 964 du Code de Procédure civile. C'est ainsi qu'un mouvement favorable s'est créé à Marseille, à notre instigation ; c'est ainsi que l'ont envisagé les Cours d'appel qui réforment généralement les jugements des Tribunaux de première instance ordonnant la vente au Palais. C'est aussi un devoir des Chambres syndicales, gardiennes de la propriété, d'étudier toutes ces questions et de démontrer aux membres de l'Association qu'il est de l'avantage de tous, vendeurs et acquéreurs, que la vente ait lieu devant notaire plutôt qu'à la barre du Tribunal. Il faut se souvenir que les Tribunaux doivent, lorsque les parties le demandent, envoyer devant notaire les ventes que la loi ne leur a pas nécessairement attribuées, notamment les adjudications sur conversion de saisie, les adjudications sur licitation ; les adjudications de biens de mineurs, d'interdits, d'absents, de faillis ; les adjudications de biens dotaux, de biens d'une succession bénéficiaire ou d'une succession vacante ; enfin, les biens grevés de substitutions.

Les créanciers hypothécaires inscrits sur les immeubles mis en vente ont, plus que le vendeur insolvable, intérêt à la diminution des frais pour accroître le capital et être colloqués, si possible, en rang utile ; on a vu, en effet, des ventes opérées devant le Tribunal, ne pas produire suffisamment pour remplir le montant des hypothèques qu'une vente devant notaire aurait couvertes.

Suivant un vieux proverbe anglais : Le temps c'est de l'argent; or, il est démontré que la vente devant notaire est plus rapide que la vente devant le Tribunal. Le notaire, en effet, ne connaît pas les nécessités ni les bizarreries de l'audience; il instrumente à la volonté des parties au jour et à l'heure les plus propices à la vente, dès l'expiration des délais. A ce point de vue encore, nous devons éviter la vente devant le Tribunal, car la rapidité est une cause de diminution dans les frais.

Si, à toutes ces considérations de droit, d'économies et de rapidité, vous ajoutez l'avantage qu'il y a pour les parties à faire vendre les immeubles sur les lieux mêmes de leur situa-

tion par le notaire du canton et non au chef-lieu éloigné où
siège le Tribunal, vous serez amenés à conclure que l'examen
des frais qui touchent à la propriété peut produire pour elle des
résultats inattendus.

Mais, lorsqu'en dépit de nos vœux et de nos instances, la justice ne nous permet pas de choisir le notaire pour remplir les
formalités de la vente et nous retient au Tribunal pour y pro-
céder, la vérification des frais s'impose à nous encore bien
davantage, car s'il est vrai que le notaire est le fidèle observa-
teur d'un tarif plus simple à contrôler, il n'en est pas de même
des frais que le ministère de l'avoué multiplie ; sans avoir à
vous rappeler ni à vous étaler la série des abus qui se glissent
dans les frais de la vente payables en sus par l'adjudicataire,
abus qui diminuent les offres au désavantage de la propriété, il
n'est pas nouveau pour vous d'entendre parler du trafic des
insertions légales, de l'inutilité des expertises avant la vente,
des baisses de mises à prix voulues et préparées, de ces renvois
de vente que rien ne justifie, toutes formalités qui renchéris-
sent sans nécessité les dépens et influent considérablement
sur la valeur des biens vendus.

**
* *

Dans le même ordre d'idées, nous devons veiller, quand le
moment est venu, de disposer pour le jour où nous ne serons
plus, de si bien régler toutes choses que nos héritiers n'aient pas
à se ruiner dans un partage judiciaire qui n'a jamais profité à
personne et qu'ils succèdent, au contraire, dans un partage
testamentaire, sans bourse délier, sauf les droits du Trésor et de
minimes émoluments, sans perdre un temps précieux à chicaner
sur des intérêts mal compris et à se diminuer par des rancunes
regrettables.

**
* *

Il y a aussi intérêt, pour un propriétaire qui veut ne point
supporter de frais, d'apprendre qu'il est possible de transmettre
la propriété par acte sous seing privé sans avoir recours au
notaire. Quelques dangers que présente ce mode de transmission, il est des circonstances, cependant, où on peut l'adopter
sans crainte, à la condition de trouver quelqu'un qui soit à
même d'en indiquer les risques, comme aussi au courant des
formalités à remplir.

*
* *

Ce n'est pas l'officier ministériel, si honnête qu'il soit, qui vous donnera les moyens les plus simples d'arriver à peu de frais à acquérir, à conserver et à transmettre la propriété. C'est pour lui chose difficile. Il ne peut pas nous dire : Ne venez pas chez moi, cette formalité est inutile, cette clause du cahier des charges n'a pas d'autre but que d'augmenter mon rôle, cette licitation vous devez l'éviter, ce sera votre ruine. S'il vous disait cela, il serait très près de la sienne, et quelque admiration que nous ayons de sa conscience et de son honnêteté, il mourrait, suivant le bon mot d'un ancien, comme un gueux ou à l'hôpital. Le prix des charges atteint, aujourd'hui, des chiffres tellement élevés qu'il lui est impossible, malgré le désir qu'il a de faire son devoir, de se contenter de ce à quoi il a légitimement droit ; les ventes d'études sont des enchères qui se tiennent à l'insu de la chancellerie, impuissante à les réprimer. Aussi pour arriver à en retirer l'intérêt sur le capital engagé, l'avoué, l'huissier, le greffier, le notaire en sont contraints à trouver des combinaisons, des pratiques et des perceptions toujours nouvelles dont nous sommes les premiers à souffrir. Un praticien du temps de Charles VI, cité par Loyseau, disait déjà, en parlant du prix des états de judicature : La justice est chère, car c'est chose certaine que partout où l'argent trouve son entrée, il s'en rend, enfin, le maître et chasse ou éloigne l'honneur et la vertu desquels il est l'ennemi ; c'est là le résultat où conduisent inévitablement les cessions scandaleuses d'offices.

Nous ne vous donnerons pas d'autres causes de l'exagération des frais que de la vénalité des charges, et ne rechercherons d'autres raisons de nature à vous démontrer combien ces frais et les abus dont on les agrémente influent sur la valeur de la propriété et combien il est du devoir des Chambres syndicales de s'en préoccuper dans les circonstances d'acquisition, de conservation et de transmission de la propriété, comme aussi d'examiner les voies et les moyens susceptibles d'en alléger les charges.

*
* *

A tout cela nous n'ajouterons que la démonstration des chiffres, car le propre des mathématiques est de remplir et satisfaire l'esprit. La statistique des ventes au Palais que nous avons fait totaliser minutieusement sur le cours de 1903 constate qu'il

a été vendu, à la barre du Tribunal de Marseille, 429 lots. Or, si, pour la facilité des opérations, nous appliquons sur ce chiffre, chacun des abus que nous énumérions dès le début sans pour cela vouloir insinuer qu'il en a été relevé dans chaque vente, nous trouvons qu'eu égard à la réduction de 50 à 25 rôles par grosse d'adjudication, il peut, de ce chef, être perçu en moins sur l'adjudicataire (sauf quelques lots achetés par le même) 400 × 25 = 10.000 rôles qui représentent en moins : papier timbré 1.80 × 5.000 .... 9.000

Émolument 10.000 × 0.45 .... 4.500

Pour le droit de bourse, si nous n'étions pas intervenus, il était à craindre que progressivement l'abus ne s'en fût généralisé occasionnant, pour un temps plus ou moins prochain, un prélèvement indu sur la bourse des acquéreurs, s'élevant à raison de 60 centimes par rôle du greffier à la somme de 10.000 × 0.60   6.000

Il en eût été de même pour les significations abusives qu'à la suite du temps l'adjudicataire eût fini par toujours payer sur le pied de 100 francs par affaire représentant sur l'ensemble des ventes 100 × 400 .... 40.000

En ce qui concerne les purges d'hypothèques légales, les indications fournies par le Syndicat de Marseille donneront aux enchérisseurs la possibilité de diminuer les frais d'acquisition de 120 francs par purge, soit, sur un chiffre de 271 purges relevées par la statistique en 1903, une économie totale de 271 × 120 =   32.520

ce qui représente pour ces seuls articles un bénéfice total de 92.020

au profit de la propriété.

Il convient de plus d'ajouter à ce chiffre le droit proportionnel de 1 0/0 qui était indûment prélevé sur le prix de la vente et contre lequel nous nous sommes toujours élevés, estimant que s'il était dû quelque émolument, celui de 0,50 0/0 était largement rémunérateur. Or, le montant total des ventes en 1903 étant de fr. 7.295.561, la réduction opérée à raison de 0,50 0/0 seulement devait amener une diminution totale de 92.020 + 36.477 = 128.497 francs.

Par cet aperçu succinct qui n'embrasse ni les résultats obtenus sur les frais d'administration, ni ceux de transmission de la propriété, on conviendra de la nécessité qu'il y a pour les Chambres syndicales de donner tout leur dévoûment et tous leurs soins à la vérification des frais, pour en surveiller l'application et en prévenir les abus. Cette question est aussi importante pour eux que celles des impôts, des assurances, de l'hygiène, de l'assainissement et des eaux.

On dira (que ne dit-on pas quand il s'agit pour quelqu'un de faire une bonne œuvre?) que les Chambres syndicales n'ont pas des aptitudes spéciales et suffisantes pour traiter en connaissance de cause d'une matière aussi délicate que celle des frais de justice.

Une telle objection est faite pour étonner, car dans la plupart de nos associations, des officiers ministériels de tous ordres qu'un passé d'intégrité et de capacité a signalés, ont été appelés à leur direction.

On fait encore valoir pour eux que des raisons d'amitié, de parenté et d'ancienne confraternité s'opposent à l'entreprise d'une œuvre telle que la nôtre. Mais qu'importent nos relations personnelles et notre intérêt égoïste quand il s'agit du bien public ! Ces objections ne sont pas pour nous des raisons devant le bon droit et la justice qu'il faut défendre.

***

Dans la pratique, l'organisation et le fonctionnement du service de vérification des frais ne sauraient être un obstacle difficile à surmonter. A Marseille, le système adopté a produit des résultats inespérés. Un agent spécialiste reçoit, les mardi et vendredi de chaque semaine, les syndicataires qui ont des réclamations à formuler à l'encontre des officiers ministériels, ou des notes de frais à faire contrôler ; il donne aux uns des conseils sur les moyens susceptibles de réaliser à peu de frais et sans délai les procédures ; il intervient d'autres fois assez à temps pour couper court aux partages judiciaires qui n'ont pas de raison d'être ; il fait connaître aux autres les indues perceptions dont ils ont été victimes ; en un mot, cet agent, dont le seul mobile est le dévoûment joint au plus absolu désintéressement, et dont la seule récompense se trouve dans les services qu'il rend aux membres de l'Association, fait auprès d'eux l'office d'un bon conseil.

A côté de lui, une Commission spéciale composée des membres de la Chambre, plus particulièrement désignés par leurs connaissances des choses de justice, est établie dans le but d'examiner, eu égard aux perceptions d'émoluments et aux taxes judiciaires qui grèvent la propriété, les questions de principe que recueille l'agent dans le cours de ses vérifications. C'est aux membres de cette Commission qu'il appartient ensuite de décider, sur le rapport du vérificateur, s'il y a lieu de les prendre en considération et s'il convient au Syndicat d'en demander à son compte la solution devant les tribunaux.

Assurément, il vous est impossible, pour ne connaître que dans les grandes lignes cette administration nouvelle qui fonctionne chez nous, de vous rendre compte de son utilité. Mais nous vous apprendrons peut-être qu'il y a tout autant de questions de principes à faire trancher dans les frais de justice qu'en matière fiscale, et ce n'est pas peu dire.

Il serait donc intéressant pour tous les Syndicats, dans un but de défense commune, d'adopter le service de vérification que nous venons de vous présenter. On pourrait alors répartir entre tous l'étude des difficultés qui se présentent, et répondre ainsi à la Conférence des avoués, aux Commissions des huissiers, des notaires et des greffiers de France, par une Association des propriétaires qui sont, parmi les plaideurs et les justiciables, ceux sur qui les frais pèsent d'un poids plus lourd.

II

Mais le devoir des Chambres syndicales ne doit pas seulement consister à assurer l'application des tarifs en vigueur, ni à se confiner dans la répression des abus qui peuvent se glisser dans les notes de frais, la propriété subissant le contre-coup de l'aggravation des perceptions émolumentaires, c'est pour elle un devoir de plus à remplir que de protester contre tout ce qui tend à en augmenter le chiffre et notamment contre le décret de 1903 qui les a quintuplés. Élever les tarifs au moment où se pose la question du rachat des offices, qu'elle ironie !

Au lendemain de sa promulgation, le commerce et l'industrie, par l'organe autorisé des Chambres de commerce, ont fait entendre leurs légitimes protestations ; la presse indépendante, celle qui ne vit pas des insertions légales, s'est fait à son tour l'écho désintéressé des justes récriminations des plaideurs. Seule parmi les Chambres syndicales qui composent l'Union de la propriété immobilière, la Chambre des Propriétaires Marseillais s'est vivement élevée contre ce tarif qui constitue, comme le dit un honorable député, un impôt illégal pesant sur l'ensemble des petits justiciables, sur ceux dont la fortune est peu considérable et qui vivent à peine du produit de leur travail ou de leurs terres, sur ceux que le Parlement a entourés de sa sollicitude, sur tous ceux enfin, dont nous sommes, qui sont déjà chargés par ailleurs d'impôts beaucoup trop élevés.

Alors que tous les efforts convergent vers la réforme de la procédure et le rachat des charges, alors que tous les partis sans distinction d'opinion s'associent pour combattre l'abus et réclamer la diminution dans les frais de justice, ce n'était pas le moment de rendre impossible la réalisation de changements depuis si longtemps désirés dans les choses de la procédure civile.

Nous n'insisterons pas sur la nécessité d'une loi pour permettre à un décret d'abroger un tarif établi par la loi ; nous laissons à l'honorable M. Bos, député de Paris, dont vous ne suspecterez ni la compétence, ni la sincérité, le soin de vous dire combien nous serait funeste la tarification nouvelle si les dispositions du décret qui la porte n'étaient point réformées.

Et dans ce but nous n'avons pas cru déplacé de vous apporter, en partie, le relevé fidèle de la discussion qu'il soutint à la Chambre, le 6 novembre dernier et qui nous valut la nomination d'une Commission chargée d'examiner les modifications dont le nouveau tarif paraissait susceptible (1).

Vente d'immeuble aux enchères.

« M. Bos. — Je prends un cas de vente typique, une vente de 15.000 fr. Avec le nouveau tarif, l'avoué poursuivant aura droit à une remise proportionnelle et à un droit gradué, car on a supposé qu'il n'y avait pas assez d'une remise proportionnelle, quoique doublée en matière de licitation, et on en a créé une seconde sous le nom de droit gradué. L'avoué poursuivant aura donc droit à une remise proportionnelle et à un droit gradué ainsi fixé : jusqu'à 5.000 fr., y compris les premiers 500 fr.... Ici je reviens sur ce que je disais tout à l'heure à propos des ventes de 5.000 fr. La loi de 1884 est violée pour les ventes de 1 fr. à

(1) *Journal officiel* du 7 novembre 1903, p. 2530 et suiv. : Chambre des députés, séance du 6 novembre.

2.000 fr., puisque les 500 fr. entrent toujours dans le compte de la remise proportionnelle.

« Jusqu'à 5.000 fr., remise proportionnelle 3 0/0, droit gradué « 60 fr.

« Sur l'excédent jusqu'à 15.000 fr., remise proportionnelle « 1,50 0/0, droit gradué 70 fr.

« Sur l'excédent jusqu'à 100.000 fr., remise proportionnelle « 1 0/0, droit gradué 80 fr.

« Sur l'excédent jusqu'à 500.000 fr., remise proportionnelle « 0,50 0/0, droit gradué 100 fr.

« Sur l'excédent jusqu'à 2 millions, remise proportionnelle « 0,25 0/0, droit gradué 100 fr. »

« Vous voyez que la remise proportionnelle est toujours progressive à rebours, très dure pour les petits et toujours dégressive pour les gros procès. » (*Très bien ! Très bien !*)

« Il sera également dû à l'avoué adjudicataire un droit proportionnel :

« Jusqu'à 5.000 fr., 1 0/0 ; sur l'excédent jusqu'à 50.000 fr., « 0,75 0/0 ; sur l'excédent jusqu'à 1 million, 0,50 0/0 ; au-dessus « de 1 million, 0,25 0/0. »

« Toujours et encore la proportionnalité progressive à rebours.

« J'ajoute encore, cela est important, que, lorsqu'il y aura un lotissement, le droit gradué sera augmenté. Un avoué aura toujours le droit de demander par lot le dixième du droit gradué, jusqu'à concurrence de quatre lots. Il faudra donc toujours compter que, dans les ventes futures, les avoués auront intérêt à lotir ; ils lotiront jusqu'à cinq ou six lots, mais ils toucheront quatre dixièmes du droit gradué en plus pour quatre lots.

« Voici l'exemple que j'invoquais tout à l'heure :

« Je suppose une vente très simple, sans incident, contestée, bien entendue, et contradictoire.

« Il y a un avoué poursuivant, un avoué défendeur et un troisième avoué qui est adjudicataire.

« Je prends le cas très fréquent de deux héritiers qui ne se sont pas entendus, dont aucun ne veut acheter le bien, parce que, par exemple, ils vivent à Paris, et c'est un acquéreur qui se présente.

« Il y a donc trois avoués.

« L'avoué poursuivant aura fait quatre lots pour augmenter sa remise proportionnelle et le droit gradué. Il touchera :

« Droit de conseil, 20 fr. ;

« Droit de formalité, 40 fr. ;

« Droit de correspondance, 15 fr.

« Plus un droit d'instruction. J'en donne le total globalement ; il est facile de se reporter au tarif lui-même : 127 fr. 50.

« Droit gradué, 70 fr.

« Plus un dixième par lot jusqu'à quatre lots, 28 fr., ce qui porte le droit gradué à 98 fr.

« Remise proportionnelle, la moitié (il n'a droit à la moitié que dans ce cas et à 3 0/0 jusqu'à 5.000 fr.), 150 fr.

« 1 1/2 0/0 sur l'excédent jusqu'à 15.000 fr., par moitié, 150 fr.

« La moitié représente exactement 150 fr., plus un demi de la seconde moitié, car un autre avoué intervient et touche une remise proportionnelle de 75 fr.

« L'avoué poursuivant touchera pour 15.000 fr. en fait d'honoraires — les déboursés, les frais d'enregistrement, d'obtention, de jugement, tout cela est à part — la somme de 525 fr. 50.

« L'avoué défendeur aura droit :

« Au droit de conseil, 20 fr. ;

« Au droit de correspondance, 15 fr. ;

« Au droit de formalité, 40 fr. ;

« Au droit d'instruction, 127 fr. 50 ;

« Au droit gradué (moitié), 49 fr.

« A une remise proportionnelle du quart (moitié de la moitié), 75 fr.

Total, 326 fr. 50.

« J'arrive à l'avoué adjudicataire. Il a dix minutes de travail à faire ; il arrive à la chambre des criées accompagné de son client, il enchérit, il est proclamé adjudicataire. A partir de ce moment — je prie la Chambre de le noter — le client n'a plus besoin de lui ; il peut lui-même payer tous les avoués de l'affaire, payer tous les frais d'enregistrement, faire la transcription hypothécaire, accomplir les formalités de purge des hypothèques. L'ancien tarif s'était si bien rendu compte que, dans l'espèce, l'avoué adjudicataire n'a que dix minutes de travail à faire que, dans les tribunaux de 3ᵉ classe, il lui accordait deux vacations se montant au total à 15 fr. 75. Avec le nouveau tarif, pour dix minutes de travail, dans une vente comme celle que je viens d'indiquer, il va toucher : droit de formalité, 10 fr., droit proportionnel jusqu'à 5.000 fr., 1 0/0, sur l'excédent jusqu'à 50.000 fr., 0,75, soit 125 fr. de droit proportionnel en tout : total, 135 fr. Ses honoraires sont décuplés. » (*Exclamations.*)

« L'ensemble des honoraires des avoués, — je ne parle que d'une vente simple, sans incident, où il n'y ni surenchère, ni baisse de mise à prix, ni folle enchère, ni ordre, ni liquidation, — l'ensemble des honoraires des avoués s'élèvera, en dehors des déboursés, à 987 fr.

« S'il y avait quatre ou cinq avoués défendeurs, — et le cas n'est pas rare, il n'est pas extraordinaire de voir, dans un pays du Centre, dont tous les habitants émigrent à Paris, les fils d'un *de cujus* ne plus vouloir garder les biens, les faire liciter, car les partages en nature sont de plus en plus abandonnés — si donc il y avait cinq enfants, il y aurait quatre avoués défendeurs; alors les honoraires se trouveraient singulièrement augmentés, car chaque avoué a droit à une part des droits que perçoivent les autres. » (*Bruit.*)

« Dans le cas qui nous occupe, la remise proportionnelle aurait été, d'après les anciens tarifs, singulièrement moins élevée. Elle eût été de 125 fr. s'il y avait eu expertise; de 200 fr. s'il n'y en avait pas eu et elle aurait été partagée par parts égales entre les deux avoués poursuivants.

« Il y a en outre la part de moitié de l'avoué défendeur. On voit donc qu'en plus du droit d'instruction qui est réellement une remise proportionnelle, la remise dans une vente tout à fait simple, sans incidents, est augmentée pour l'avoué poursuivant. Au lieu de 132 fr. 25, il touche 225 fr. 75, soit 93 fr. 50 de plus, ce qui représente une augmentation de 130 0/0, sans compter le droit gradué, ce qui lui procure presque une remise triple.

« Pour l'avoué défendeur, elle est portée de 31 fr. 50 à 75 fr., c'est-à-dire à plus du double et à beaucoup plus du triple si l'on tient compte du droit gradué.

« Quant à l'avoué adjudicataire, je vous ai fait le compte; son salaire est plus que décuplé.

« A cela il convient d'ajouter, — car il faut faire tous les calculs, — au moins 50 0/0 de remise sur la note de l'imprimeur, soit 50 fr. au moins dans une vente de cette importance et autant pour les copies de pièces. Les copies étaient comptées dans les anciens tarifs comme honoraires, c'était juste. C'étaient de simples significations; l'avoué n'avait donc que des droits de timbre à payer comme déboursés; aujourd'hui les copies cessent d'être des honoraires, on les a fait passer dans les déboursés.

« Avec le nouveau tarif, l'avoué demandeur dans ce cas ne perçoit pas moins de 600 fr. Avec l'ancien tarif, en comptant les requêtes grossoyées, les rôles comptés avec les yeux fermés du juge taxateur, il n'aurait pas perçu 250 fr. L'avoué défendeur, lui, n'aurait pas eu 100 fr. Je vous ai fait son compte : il touche maintenant trois fois plus. »

Loi de 1884 sur la vente des petits immeubles.

« Ce n'est pas tout. Vous savez qu'une loi du 15 octobre 1884 — et ici je me retourne vers notre éminent collègue M. Cruppi, qui connaît admirablement cette question — a protégé les petites ventes au-dessous de 2.000 francs. Non seulement quand le prix de l'adjudication n'atteignait pas 2.000 francs, le fisc remboursait tous les droits qu'il avait perçus à titre de droits de greffe, d'enregistrement, d'hypothèque et de timbre, mais encore, au-dessous de 1.000 francs, tous les avoués, tous les officiers ministériels ayant occupé dans l'affaire étaient obligés de subir une réduction du quart de leurs émoluments.

« Je reconnais que, dans le décret de M. Vallé, l'obligation imposée aux officiers ministériels survit, l'obligation imposée au Trésor survit également, puisque c'est une loi spéciale qui l'a instituée, mais, en ce qui concerne la réduction du quart des émoluments, je suis bien obligé de faire observer que les commentateurs n'ont pas attendu la circulaire de M. le Garde des Sceaux ; ils ont commenté le décret par avance et ils déclarent que, dans tous les cas, le quart des émoluments ne doit pas être réduit. »

« M. VALLÉ, *Garde des Sceaux, ministre de la Justice.* — Comment cela ?

« M. Charles Bos. — Monsieur le Garde des Sceaux, j'ai entre les mains le commentaire de Raviart ; vous pouvez l'ouvrir, vous constaterez l'exactitude de mon affirmation.

« Je suis bien obligé de vous rappeler que votre circulaire n'a rien de légal, qu'elle n'est qu'une interprétation personnelle, que, dans deux ou trois ans les tribunaux l'auront oubliée, et que, quand un nouveau juge taxateur arrivera dans un tribunal, pour s'épargner de la peine il prendra un travail tout fait ; l'avoué fera de même. Votre circulaire, quoique inspirée par les meilleures intentions, aura vécu comme toutes les circulaires. » (*Très bien ! très bien ! sur divers bancs.*)

« M. LE GARDE DES SCEAUX. — Je vous demande simplement si un commentaire fait par intéressé peut avoir pour effet de détruire une loi ? (*Interruptions à droite.*) Nous discuterons la question. Vous prétendez que la loi de 1884 serait abrogée parce qu'un commentateur affirme qu'il doit en être ainsi ! Eh bien ! je dis que l'opinion de ce commentateur, fût-il le plus autorisé, ne peut avoir un pareil effet.

« M. Charles Bos. — Je ne dis pas cela, Monsieur le Garde des Sceaux ; je dis que, dans votre circulaire, vous maintenez un des bénéfices de la loi de 1884 au profit des petits plaideurs, mais que les commentateurs n'en tiennent pas compte. J'ajoute que, d'ici à quelques années, quand l'effet de votre circulaire aura disparu, quand les juges taxateurs et les avoués se trouveront les uns en présence d'un tarif tout fait, qui leur épargnera du travail, les autres en présence de leurs intérêts, ils tourneront la loi comme ils sont arrivés à tourner le décret de 1807 avec la complicité des tribunaux, — vous le savez mieux que personne.

« J'ajoute que vous avez personnellement violé la loi de 1884. Cette loi n'accordait aucune remise proportionnelle aux hommes d'affaire en matière de ventes ; or en vertu de votre décret ils vont tous percevoir des remises proportionnelles.

« Voici un petit calcul très simple que j'ai fait sur cette question. Aucune remise proportionnelle pour ces ventes n'était accordée par la loi de 1884, tandis qu'avec le décret du 15 août 1903 l'avoué prélèvera en tout état de cause une remise proportionnelle de 3 0/0 sur 2.000 fr. Il faut y ajouter un droit gradué de 60 fr., soit en tout 120 fr. d'honoraires, en dehors des autres droits qui lui sont alloués actuellement.

« Je sais bien que M. le Garde des Sceaux va me dire : « Les « ventes de 500 fr. vont bénéficier d'une réduction complète ; « à partir d'aujourd'hui, quand on vendra pour moins de « 500 fr., — et ces petites ventes n'ont lieu en fait qu'à la suite « de saisies, — les débiteurs de 500 fr. ou d'une moindre « somme, expropriés, n'auront rien à payer aux hommes « d'affaires. »

« Soit. Mais, Monsieur le Garde des Sceaux, combien y a-t-il de ventes au-dessous de 500 francs ? J'ai consulté la dernière statisque de votre département ; elle a trait a l'année 1900. Il y y a en tout 2.000 ventes au-dessous de 500 fr. Je reconnais que jadis il n'y en avait pas du tout. Un avoué, il y a vingt ans, quand j'étudiais la procédure, se serait cru discrédité et aurait été discrédité aux yeux de ses collègues s'il avait exproprié quelqu'un pour une somme inférieure à 500 fr. Le tribunal n'aurait pas autorisé la vente et de plus le parquet aurait sévi. Je reconnais que, depuis, la surveillance des parquets s'est relâchée (*C'est vrai! très bien! sur un grand nombre de bancs*) et qu'il y a aujourd'hui des ventes de 500 fr. et au-dessous.

« Si l'on fait la répartition de ces 2.000 ventes au-dessous de 500 fr. entre les 367 tribunaux de province, à cinq avoués en moyenne par tribunal, vous allez voir, Messieurs, ce qu'abandonnent les avoués en échange de bénéfices autrement considépables.

« Prenons une affaire ordinaire. Voici quels étaient les honoraires avec l'ancien tarif :

« Vacation à l'inscription de la saisie, 4 fr. 50.

« Vacation pour retirer et examiner l'état des inscriptions, 4 fr. 50.

« Cahier des charges, huit rôles — il n'y en a jamais plus — 12 fr.

« Vacation au dépôt, 4 fr. 50.

« Vacation à la publication du cahier des charges, 2 fr. 45.

« Vacation à l'adjudication, 12 fr.

« Si je fais la division que je vous indiquais tout à l'heure, je constate que chaque avoué renonce à 50 fr. d'honoraires en échange d'autres avantages qui lui sont assurés à titre de compensation. C'est peu de chose !

« Je prends maintenant une vente par licitation, vente de 2.000 francs, non contestée, une de ces petites ventes que protège la loi de 1884. Je parlais de cette loi tout à l'heure en la résumant et en disant que les hommes d'affaires, en dehors de l'abondance des droits, étaient obligés de subir une réduction de leurs honoraires.

« Je ne veux pas lire tous les articles du tarif. Je tiens à la disposition de mes collègues le meilleur commentaire qui en ait été fait ; c'est l'ouvrage de Boucher d'Argis, répertoire alphabétique au moyen duquel on peut faire instantanément un état de frais, pourvu qu'on ait un peu l'habitude du droit et qu'on ait travaillé quelque temps dans une étude d'avoué. Je note qu'en comptant aussi largement que possible, avec l'ancien tarif, dans une vente de 2.000 fr. non contestée, on arrivait pour l'avoué demandeur à 89 fr. 50 d'honoraires ; et s'il y avait deux avoués défendeurs, chaque avoué défendeur avait 27 fr. 75, soit pour les deux 55 fr. 50. Au total : 145 fr. ; mais il n'y avait pas de remise proportionnelle.

« Je vous vois faire un geste de protestation, Monsieur le Garde des Sceaux ; je répète qu'avec l'ancien tarif, sous le régime de la loi de 1884, il n'y avait pas de remise proportionnelle, pour les ventes au-dessous de 2.000 fr. non contestées.

« D'après le nouveau tarif, l'avoué poursuivant, avec le droit de conseil, de formalité, de correspondance, la remise proportionnelle, le droit gradué, arrive à un total de 150 fr.

« Et ici, encore, je fais la même remarque :

« Je me suis mis à la place d'un juge taxateur ; j'ai compté le droit de formalité à 15 fr., comme M. le Garde des Sceaux dans sa circulaire, tandis que les commentateurs le comptent à 40 fr. Les avoués colicitants toucheront chacun 90 fr. Faites vous-mêmes le départ et vous constaterez que les honoraires de l'avoué demandeur sont doublés. Quant aux honoraires des avoués défendeurs, ils sont presque quadruplés.

« J'arrive à une licitation contestée ; il s'agit toujours d'une vente de 2.000 fr. ; c'est une affaire que je considère comme ordinaire, comme certains tribunaux le font quelquefois, c'est-à-dire que j'accorde un droit de consultation à l'avoué, je lui accorde des moyens de défense, des requêtes grossoyées, ce que, dans la plupart des cas, le juge taxateur ne laisse pas passer.

« Je suppose trois avoués dans une vente contestée. L'avoué poursuivant aura 118 fr. 16 d'honoraires, les avoués défendeurs toucheront chacun 50 fr. 28, soit 100 fr. 56 à eux deux.

« Le total des honoraires des trois avoués sera de 218 fr. 72.

« Si je prends le nouveau tarif, toujours en faisant les mêmes observations au-dessous des commentateurs, je trouve pour l'avoué poursuivant, 210 fr., presque le double ; pour les avoués défendeurs, chacun 150 fr., c'est-à-dire le triple, et, au total, 510 fr., au lieu de 218 fr.

Saisie immobilière.

« Je passe à une saisie. J'apporte un état de frais taxé, état rédigé par moi, alors que j'étais clerc d'avoué.

« D'après l'état ci-joint, les honoraires se sont élevés à 80 fr. 50 ; je le répète, c'est une affaire de saisie : le bien a été adjugé 20.000 fr. La remise proportionnelle était jadis, en

matière de saisie, de 1 0/0 jusqu'à 10.000 fr., soit.... F. 100 »
« Sur le reste, à raison de 50 centimes 0/0, soit.... 50 »
« Au total................. F. 150 »

« 80 fr. 50 et 150 fr., nous donnent un total de 230 fr. 50.
« Avec le nouveau tarif, nous avons :
« Droits de correspondance, 15 fr.
« Remise proportionnelle de :
« 3 0/0 jusqu'à 5.000 fr., 150 fr.
« 1,50 0/0 sur l'excédent, jusqu'à 15.000 fr., 150.
« 1 0/0 sur l'excédent, jusqu'à 20.000 fr., 50 fr.
« Total, 365 fr.
« Ajoutons-y le droit gradué, 80 fr.
« Cela nous donne 445 fr. d'honoraires pour une saisie de 20.000 fr., et je vous fais remarquer que la remise est triple. Ainsi donc le nouveau tarif donne à l'avoué 445 fr. d'honoraires au lieu de 230 fr., soit, en plus, 215 fr.

Vente de biens de mineurs.

« Voici maintenant une vente de biens de mineurs. S'il y a des ventes qui soient intéressantes, ce sont bien celles où des mineurs sont obligés de participer malgré eux.

« L'État s'est fait leur tuteur ; il leur impose d'aller devant le tribunal de première instance. Vous comprenez que, lorsque la loi sur l'extension de la compétence des juges de paix sera votée, il faudra renvoyer toutes ces ventes aux justices de paix.

« Voici la différence. Avec l'ancien tarif, toujours en comptant tout, on arrivait à un total de 150 fr. 25 d'honoraires pour l'avoué poursuivant.

« Je suppose toujours l'instance contradictoire, cela représenterait 2,96 0/0 de frais. Avec le nouveau tarif, on arrive à un total d'honoraires de 255 fr. pour l'avoué poursuivant, ce qui représente 5,30 0/0 de frais. Les frais sont presque doubles pour la même affaire et il s'agit de mineurs.

« Je suis toujours la procédure de vente ; quand on a vendu, il peut y avoir une surenchère du sixième.

« Le bien a été adjugé 8.935 fr. ; il y a eu une surenchère du sixième. Les honoraires s'élèvent, d'après l'état de frais que j'ai, à 38 fr. 10. Avec la remise proportionnelle, cela faisait 48 fr. 10 d'honoraires.

« Avec le nouveau tarif, on a : droit de conseil, 20 fr. ; droit de formalité, 40 fr. ; droit de correspondance, 15 fr. ; droit gradué, 70 fr. ; remise proportionnelle sur la différence entre le premier prix et le second, environ 1.000 fr.; ce qui donne 15 fr.; total, 160 fr.

« Je continue toujours la procédure de la vente et j'arrive à la folle enchère. Voici encore un état de frais taxé. Les honoraires s'élèvent à 12 fr. 05.

« Avec le nouveau tarif, il y aura :

« 20 fr. de droit de conseil ;

« 40 fr. de droit de formalité ;

« 166 fr. 66 comme remise proportionnelle ;

« 15 fr. de correspondance.

« Total : 241 fr. 66. » (*Exclamations.*)

« Et le bien a été adjugé pour 32.105 fr. Cela dépasse la moyenne des procès que j'indiquais tout à l'heure. La différence des honoraires perçus est de 159 fr. 61.

« Je ne voulais pas citer d'exemple de la vacation pour enchérir, parce que je ne voulais pas sortir des tribunaux de 3ᵉ classe, mais je peux bien supposer un immeuble de 60.000 fr., qu'on ne peut pas lotir parce qu'on ne lotit pas le 1ᵉʳ, le 2ᵉ et le 3ᵉ étage, vendu dans une ville où il y a un tribunal de 3ᵉ classe. Il s'agit, par exemple, dans une ville d'une population inférieure à 30.000 âmes, d'un immeuble bien placé, sur la plus grande place ou sur un quai, par exemple. Avec l'ancien tarif je vous ai dit que, dans un tribunal de 3ᵉ classe, l'avoué n'avait droit qu'à une vacation pour enchérir et à une vacation pour déclaration, soit 15 fr. 75. J'ai fait le calcul sur une vente de 60.000 fr. Il aura d'abord le droit de formalité, 10 fr., et un droit proportionnel de 1 0/0 jusqu'à 5.000 fr., soit 50 fr.; 0,75 0/0 jusqu'à 50.000 fr., soit 366 fr. 66, et 0 fr. 50 sur l'excédent jusqu'à 60.000 fr. Il touchera en tout 475 fr. 66, au lieu de 15 fr. 75. » (*Exclamations.*) « Je vois que M. le Garde des Sceaux proteste contre ce que je dis. Je vais lui remettre sous les yeux l'article même de son tarif.

Adjudication

« Art. 37. — Il est alloué sur le prix d'adjudication de chaque « lot ou sur leur réunion, si l'adjudication a lieu pour un prix « unique :

« Le droit de formalité de 10 fr. ;

« Un droit proportionnel :

« Jusqu'à 5.000 fr. de 1.0/0 ;

« Sur l'excédent jusqu'à 50.000 fr. de 0,75 0/0 ;

« Sur l'excédent jusqu'à 1 million de 0,50 0/0 ;

« Sur l'excédent au-dessus de 1 million, indéfiniment, de
« 0,25 0/0. »

« Or, je fais remarquer que je n'ai pas pris un avoué colicitant ; j'ai pris un adjudicataire n'ayant pas participé à la
poursuite de la vente.

« Je demande à M. le Garde des Sceaux s'il peut protester.

« M. le Garde des Sceaux. — Mais, parfaitement !

« M. Charles Bos. — Mais, non ! C'est dans votre décret même
que je prends mes chiffres.

« Il serait intéressant de pousser le calcul pour une grande
ville jusqu'à un million. Vous trouverez alors que l'avoué touchera, pour dix minutes — car le client n'a pas besoin de lui plus
longtemps — 4.566 fr.70 et que, s'il avait poursuivi seul la vente,
— le droit serait évidemment réduit de moitié s'il avait été
colicitant, — s'il avait poursuivi seul la vente, il aurait touché
beaucoup moins de remise proportionnelle qu'il n'empoche de
droit proportionnel comme avoué adjudicataire.

« Je voudrais lire un état de frais que j'ai préparé depuis
cinq jours avec le commentaire de M. Allauze. J'ai supposé,
dans une vente de 15.000 fr., un seul lot et quatre avoués, tous
les incidents de procédure qui pourraient naître ; par exemple,
après une vente il y a une baisse de mise à prix parce que la
première mise à prix n'a pas été atteinte, ensuite il y a une
surenchère, enfin il y a une folle enchère.

« Je fais remarquer à la Chambre que, lorsqu'on parle dans
une vente de surenchère, de folle enchère, d'incidents, de mise
à prix, ces incidents se produisent dans deux ventes sur dix,
c'est-à-dire, en général, dans la proportion de 1 à 5.

« Avec le nouveau tarif, l'avoué poursuivant, dans une vente
de 15.000 fr., touchera, sur la demande non contestée, je parle
d'abord de celle-là, c'est l'incident le plus simple, 55 fr., sur la
baisse de mise à prix, 60 fr., sur la vente définitive, 225 fr., sur
la surenchère, 228 fr. 75, sur la folle enchère, 156 fr. 66, car,
bien entendu, du moment qu'il y a baisse de mise à prix, c'est
que la première mise à prix n'a pas été atteinte, et il y a lieu à
perception d'un droit proportionnel.

« Je veux démontrer, en effet — c'est une parenthèse que j'ouvre — à M. le Garde des Sceaux que tous ces droits jouent dans les incidents et que les avoués auront intérêt à faire naître des incidents sur toutes les affaires. Je ferai voir dans un instant qu'avec son décret il a abrogé la fameuse loi que M. Brisson a fait voter en 1892 sur les incidents en matière de vente.

« L'avoué poursuivant touchera en tout 725 fr. 41. Quant aux avoués des vendeurs, ils toucheront 397 fr. 50 dans le premier cas ; dans la baisse de mise à prix, 127 fr. 50 ; sur la surenchère, 176 fr. 25 ; sur la folle enchère, 117 fr. 48 ; le total des honoraires atteindra 1.544 fr. 14, en dehors des déboursés, des frais du jugement, du fisc, etc.

« Je suppose maintenant la même vente contestée, car ici les honoraires sont plus élevés : il y a toujours quatre avoués, plus un avoué poursuivant, naturellement.

« Dans le premier cas, l'avoué poursuivant aura pour le droit d'instruction sur la demande 140 fr. et les autres autant, ce qui fait pour les quatre avoués 560 fr. Le droit de formalité aurait été de 40 fr. ; je suppose qu'il ne soit que de 20 fr., cela fait encore 80 fr. de frais supplémentaires. Le droit d'instruction sera de 140 fr.

« Supposons que la contestation ne porte que sur une partie, car on peut contester une partie seulement : droit de formalité, 40 fr. ; droit d'instruction, 90 fr. ; correspondance, 15 fr. ; total, 145 fr. ; pour quatre avoués, 580 fr.

« Il se peut qu'il y ait une contestation sur la surenchère parce que, par exemple, l'individu qui surenchérit n'est pas solvable.

« Le droit d'instruction sur 5.000 fr. sera de 90 fr., et comme ici il y a un avoué de plus, nous arrivons au chiffre de 540 pour six avoués.

« En additionnant tous les honoraires d'une vente contestée dans les incidents dont j'ai parlé et en ajoutant un ordre, des productions, des incidents à l'ordre, j'arrive à un chiffre de 5.264 fr. 79. » (*Exclamations.*)

« Je parle maintenant des déboursés ; la Chambre va voir qu'avec tous ces incidents qui sont fréquents, en comptant les honoraires et débours des hommes d'affaires, on arrive à manger les deux tiers du bien.

« Déboursés : frais de première vente et publicité, 700 fr. ; nouvelle publicité, 500 fr.; surenchère, 400 fr.; de folle enchère,

400 fr. ; frais d'ordre, 300 fr. ; de consignation des fonds, 100 fr.; de purge d'hypothèques légales, 150 fr. ; d'incidents à ordre, 200 fr.

« Si la vente a lieu devant notaire, il faut compter les voyages des avoués, deux voyages pour chaque avoué, l'un pour le cahier des charges et l'autre pour la vente. Les avoués toucheront 256 fr. d'après le tarif de M. Vallé.

« Mêmes voyages pour l'ouverture et la fermeture de la liquidation, 256 fr.

« Frais d'homologation de la liquidation, 400 fr. ;

« Frais et honoraires du notaire liquidateur, 300 fr. Je suis au-dessous de la vérité.

« Droits de mutation après décès, déduction faite des dettes, 150 fr. ;

« Droit d'enregistrement payé par l'adjudicataire, 940 fr. ;

« Frais d'expédition et d'inscription, 150 fr.

« Total, 5.202 fr. de déboursés qui, ajoutés aux 5.264 fr. d'honoraires, font un total de 10.466 fr. sur une adjudication de 15.000 fr. » (*Mouvements divers.*)

Baux.

« Voici maintenant une demande en résiliation de bail de 1.600 fr. Le prix doit être calculé d'après la base qu'a indiquée M. le Garde des Sceaux pour évaluer la valeur du litige ; calculé sur cinq années, il est de 1.600 multiplié par 25, soit 8.000 francs ; c'est une affaire ordinaire. Avec les anciens tarifs, il y avait 50 fr. d'honoraires ; avec le nouveau, chaque avoué aura : droit de conseil, 20 fr. ; droit de formalité, 40 fr. ; droit de correspondance, 15 fr. ; au total, 75 fr. déjà au lieu de 50 fr. Il y a en plus le droit d'instruction qui constitue un nouvel honoraire : jusqu'à 1.500 fr., 37 fr. 50 ; sur l'excédent jusqu'à 5.000 francs, 52 fr. 50 ; sur l'excédent jusqu'à 8.000 fr., 15 fr. ; au total, 105 fr. et au total général, 180 fr. ; les honoraires sont quadruplés. » (*Exclamations sur un grand nombre de bancs.*)

D'autres députés ont aussi fait entendre leurs voix et ont joint leurs protestations à celle de M. Bos, qui, dans un travail dont on ne saurait trop le féliciter, vient de vous apporter la preuve que le tarif de 1903 a singulièrement accru les frais judiciaires afférents à la propriété.

A votre tour, vous n'en méconnaîtrez pas la justesse et vous formulerez, avec MM. Bos, Buyat, Lepelletier, représentants autorisés des plaideurs et des justiciables, les modifications que le nouveau décret nécessite, et soyez convaincus que M. le Garde des Sceaux tiendra compte de vos justes récriminations, car il a formellement promis de les recevoir toutes.

Vous occuper dans vos Syndicats des frais de justice, c'est, au même titre que les impôts et autres charges inhérentes à la propriété, exécuter le programme dont vous êtes les défenseurs, c'est empêcher aux abus de se produire et permettre à ceux qui vous ont choisis pour sauvegarder leurs intérêts trop facilement compromis de se rendre compte s'il n'est pas fait au détriment de la propriété une fausse application des tarifs, soit pour l'acquérir, soit pour la conserver, soit encore pour la transmettre, ou si on ne l'entraîne pas dans des longueurs qui lui seraient préjudiciables.

Enfin, vous occuper des frais de justice, en travaillant par tous les moyens dont vous disposez à la réforme de la procédure et des tarifs qui les rémunèrent, tout cela c'est travailler à la diminution des charges qui grèvent la propriété,

Diminuer les frais, c'est l'augmenter ;
Les augmenter, c'est la diminuer.

Et nunc erudimini et docete gentes !

VŒUX

Le Congrès,

I

Sur la vérification des frais de justice :

Considérant que les frais de justice sont une cause de diminution de la valeur de la propriété ; qu'il importe, pour en atténuer les effets, dans la mesure du possible, d'assurer soit une stricte application des tarifs, soit une répression effective des abus qui peuvent s'y glisser ;

Considérant que les officiers ministériels et publics sont groupés pour défendre leurs intérêts ;

Considérant, enfin, que le Syndicat de Marseille a retiré, sur un exercice de deux ans, des avantages inappréciables de la vérification des frais ;

Émet le vœu :

Qu'il soit institué, dans chaque Syndicat, un service identique et que tous les services particuliers soient reliés entre eux, dans un but de défense commune et efficace.

II

Sur le nouveau tarif :

Considérant que les hommes de loi ont seuls été admis à l'élaboration du décret du 15 août 1903 ; que le droit d'être entendu est cependant égal pour les justiciables ;

Considérant que le nouveau décret n'a pas été rendu en vertu d'une délégation formelle de la loi et renferme des abrogations qu'il appartient au seul pouvoir législatif d'ordonner ;

Considérant que l'auteur des nouvelles tarifications s'est basé, pour en augmenter le chiffre, *sur le montant des perceptions abusives plutôt que sur les émoluments tels qu'ils résultaient du tarif de 1807 ;*

Qu'il a méconnu la distinction des affaires sommaires et ordinaires, augmenté considérablement les frais touchant à la propriété et tarifé des procédures pour lesquelles le ministère de l'avoué n'est pas obligatoire ;

Émet le vœu :

Qu'il soit nommé par le Congrès des délégués pour faire à la Commission des frais de justice instituée à la suite de l'interpellation du 6 novembre 1903, le rapport des observations qu'a soulevées le nouveau tarif et indiquer à cette assemblée les modifications qui s'imposent ;

Que les bases d'un nouveau tarif soient arrêtées en assemblée législative et ne soient pas établies d'après le chiffre des abus, mais sur les émoluments résultant de la stricte application du décret de 1807

Sur les articles suivants du nouveau tarif :

ART. 7. — Diminuer le droit d'instruction.

ART. 8. — Ne faire porter le droit d'instruction que sur les demandes principales, le réduire d'un tiers pour l'avoué perdant.

ART. 9. — Décider que l'intérêt du litige ne portera pas sur la totalité des loyers, mais seulement sur le montant des loyers réclamés.

ART. 10. — Établir d'abord la valeur de la propriété sur les titres authentiques.

Faire établir sur une échelle de 50 à 500, par le juge taxateur ayant participé à la procédure, soit comme commissaire, soit comme juge, et non par les avoués, l'intérêt des causes non évaluables.

Pour les dommages intérêts fixer le droit d'instruction sur *le montant de la condamnation.*

ART. 20. — En cas de défaut, si le Tribunal réduit la condamnation sur opposition, admettre la restitution.

ART. 25, § II. — Établir que les conclusions ne seront réputées prises que si le client a donné l'ordre formel de conclure.

ART. 27. — Ne pas accorder de droit d'instruction, mais porter le droit de formalités à 15 francs.

— 37 —

Art. 29. — Pour l'homologation des partages, le travail étant fait par le notaire, il n'y a pas lieu d'accorder le droit d'instruction à l'avoué.

Art. 30. — Dans le cas d'une demande en liquidation non suivie, ne rien accorder.

Art. 31. — Préciser que, dans le chiffre de 500 francs, ne seront pas comprises les charges.

Art. 32. — Réduire la remise proportionnelle d'un tiers et diminuer de moitié le droit gradué.

Art. 37. — Établir un droit fixe de conseil et de formalité, l'ancien tarif n'ayant pas prévu de perception proportionnelle et l'adjudication ne comportant aucun travail.

Art. 40. — Ne rien accorder à l'avoué qui porte les enchères sans demeurer adjudicataire.

Art. 41. — Ne pas accorder à l'avoué la remise proportionnelle en cas de vente renvoyée devant notaire.

Art. 46. — Ne pas tenir compte du nombre des lots pour augmenter le tarif.

Art. 48, § II. — Supprimer la remise proportionnelle.

Art. 49. — En cas de reprise d'une affaire, les droits déjà perçus rentrent en compte.

Art. 50, 51, 52, 65, 68 71, 72. — Le ministère des avoués n'étant pas obligatoire pour les purges, les ordres amiables, les délivrances de legs par le président, les référés, les ordonnances, les acceptations et renonciations, les affaires criminelles et correctionnelles, les bordereaux hypothécaires, etc., il n'y a pas lieu d'en régler les émoluments ; c'est au client à débattre avec l'avoué le coût de ces procédures.

Art. 73. — Remettre au rang des émoluments les rétributions allouées pour copies de pièces.

Art. 76. — Le droit de correspondance ne devrait pas être dû lorsque le client demeure dans le lieu de la résidence de l'avoué.

Art. 77 et suivants. — Ces articles contiennent des tarifications hors de proportion avec le travail des avoués d'appel.

En effet, la responsabilité des avoués de Cour et les peines que leur donnent les procédures dont ils sont chargés sont complètement nulles.

ART. 100. — Le registre continuera à être soumis à la cote et au parafe.

ART. 101. — Les avoués seront tenus de remettre en outre le détail de tous les frais de poursuite et autres à l'adjudicataire tenu d'en acquitter le montant.

ART. 102. — Les droits d'instruction et les autres étant suffisamment rémunérateurs, il n'y a pas lieu à honoraires à raison des procédures déjà rémunérées ; il n'est pas utile de le décréter, puisque l'avoué qui travaille en dehors de ses fonctions tombe sous la loi commune.

Sur tous ces points le Congrès appelle la bienveillante attention de M. le Garde des Sceaux, et le remercie des efforts qu'il a faits pour concilier l'intérêt légitime des officiers ministériels et celui des justiciables ; le Congrès prie aussi MM. Bos, Buyat et Lepelletier, députés, de vouloir bien agréer l'hommage de sa vive reconnaissance et leur demande d'appuyer autant qu'il est en leur pouvoir les observations que le Congrès vient d'énumérer contre le décret de 1903.

Décide enfin que copies du présent rapport et des vœux qu'il renferme seront adressées par les soins du Bureau de l'Union des Chambres syndicales de la propriété bâtie à Son Excellence M. le Ministre de la Justice, à chacun des membres de la Commission extra-parlementaire des frais de justice et aux membres du Bureau du Sénat et de la Chambre des députés.

TABLEAU SYNOPTIQUE DES MATIÈRES TRAITÉES

LES FRAIS DE JUSTICE ET LA PROPRIÉTÉ

Les frais de justice intéressent tous les justiciables, en particulier les propriétaires, au même titre que les impôts et autres charges de la propriété.

C'est donc un devoir pour les Chambres syndicales :

I. — **En pratique,** de vérifier les frais

    a) d'acquisition :

        Grosses d'adjudication ;

        Droits de Bourse ;

        Significations ;

        Purges légales ;

        Purges inscrites ;

        Achats devant notaire ;

        Successions ;

        Ordres, Contributions.

    b) de conservation :

        Instances contre voisins et locataires ;

        Avoué : ministère obligatoire et facultatif ;

        Faillites, scellés et autres frais ;

        Loyers, expulsions ;

        Emprunts ;

        Quittances frustratoires.

    c) de transmission :

        Vente devant le tribunal ;

        Vente devant notaire ;

        Droit ;

        Economie ;

        Rapidité ;

        Insertions légales ;

Expertises, etc. etc ;

Testaments partages olographes ;

Vente d'immeubles sous seing privé.

d) Causes des abus : vénalité des charges.

e) Statistique.

f) Organisation et fonctionnement du service de vérification des frais à Marseille et dans les autres Syndicats.

Enfin c'est un devoir pour les Chambres syndicales.

II. — **En théorie**, d'étudier les réformes à apporter aux tarifs.

Décret du 15 août 1903.

Discussion à la Chambre des députés, 6 novembre 1902.

Rapport de M. Bos, député.

Ventes au enchères.

Ventes des petits immeubles, loi de 1884.

Saisie immobilière.

Adjudications.

Baux.

VŒUX

1° Sur la création, dans les Syndicats, d'un service de vérification des frais de justice ;

2° Sur le nouveau tarif, réformes proposées.

www.ingramcontent.com/pod-product-compliance
Lightning Source LLC
Chambersburg PA
CBHW070750220326
41520CB00053B/3795